Guest Book

In Celebration of

_____

Date

_____

Guest

Note

Guest

Note

_____

_____

_____

_____

Guest

Note

Guest

_____

_____

_____

_____

Note

_____

_____

_____

_____

_____

_____

_____

_____

_____

_____

_____

_____

_____

_____

Guest

Note

Guest

Note

_____

_____

_____

_____

_____

_____

_____

_____

_____

_____

_____

_____

_____

_____

_____

_____

_____

Guest

_____

_____

_____

_____

Note

_____

_____

_____

_____

_____

_____

_____

_____

_____

_____

_____

_____

_____

Guest

Note

_____

_____

_____

_____

_____

_____

_____

_____

_____

_____

_____

_____

_____

_____

_____

_____

_____

Guest

Note

_____

_____

_____

_____

Guest

Note

_____

_____

_____

_____

Guest

Note

Guest

_____

_____

_____

_____

Note

_____

_____

_____

_____

_____

_____

_____

_____

_____

_____

_____

_____

_____

Guest

Note

Guest

Note

_____

_____

_____

_____

_____

_____

_____

_____

_____

_____

_____

_____

_____

_____

_____

_____

_____

_____

Guest   Note

_____   _____

_____   _____

_____   _____

_____   _____

_____   _____

_____   _____

_____   _____

_____   _____

_____   _____

_____   _____

_____   _____

_____   _____

Guest

Note

Guest   Note

Guest

Note

_____

_____

_____

_____

_____

_____

_____

_____

_____

_____

_____

_____

_____

_____

_____

_____

_____

_____

Guest

Note

_____

_____

_____

_____

Guest

Note

Guest   Note

_____   _____

                                 _____

_____   _____

                                 _____

                                 _____

_____   _____

                                 _____

                                 _____

                                 _____

_____   _____

                                 _____

                                 _____

                                 _____

                                 _____

                                 _____

Guest

Note

_____

_____

_____

_____

Guest

Note

Guest

Note

Guest

Note

_____

_____

_____

_____

Guest

Note

_____

_____

_____

_____

Guest

Note

Guest

Note

Guest

Note

Guest

Note

Guest

Note

Guest

_____

_____

_____

_____

Note

_____

_____

_____

_____

_____

_____

_____

_____

_____

_____

_____

_____

_____

Guest

Note

_____

_____

_____

_____

_____

Guest

Note

Guest   Note

_____   _____

_____

_____   _____

_____

_____   _____

_____

_____

_____

_____

_____

_____

_____

_____

_____

_____

Guest

Note

Guest

Note

Guest

Note

_____

_____

Guest

Note

_____

_____

_____

_____

Guest	Note

Guest

Note

_____

_____

_____

_____

Guest

Note

_____

_____

_____

_____

_____

_____

_____

_____

_____

_____

_____

_____

_____

_____

_____

_____

_____

_____

Guest   Note

_____   _____

                         _____

                         _____

                         _____

_____   _____

                         _____

                         _____

                         _____

_____   _____

                         _____

                         _____

                         _____

_____   _____

                         _____

                         _____

Guest

Note

_____

_____

_____

_____

Guest

Note

_____

_____

_____

Guest

Note

_____

_____

_____

_____

_____
_____
_____
_____
_____
_____
_____
_____
_____
_____
_____
_____
_____
_____

Guest   Note

Guest

Note

_____

_____

_____

_____

Guest

Note

_____

_____
_____
_____
_____
_____
_____
_____
_____
_____
_____
_____
_____
_____
_____
_____

Guest

Note

_____

_____

_____

_____

Guest

Note

Guest

_____

_____

_____

_____

Note

_____

_____

_____

_____

_____

_____

_____

_____

_____

_____

_____

_____

_____

_____

Made in United States
North Haven, CT
06 September 2022